텍스트 코딩 워크북

정재웅 · 김성안 · 박수빈 · 배효정 · 서정민

서진원 · 양채윤 · 이민혁 · 장성혜 · 최문성 지음

Contents

들어가며

　처음 텍스트 코딩을 가르쳤을 때 힘들어하던 학생들의 모습이 아직도 눈에 선합니다. 학생들이 힘들어하던 이유는 다양했습니다. 영어 타자를 어려워하는 학생들부터 input과 lnput처럼 작은 철자 차이를 찾지 못해 헤매던 학생, print(1+2)와 print("1"+"2")의 결괏값이 왜 똑같이 3이 아닌지 이해하지 못하던 학생까지.

　문제는 이런 어려움을 겪는 학생들이 소수가 아니기 때문에 가르치는 입장에서는 번번이 예상하지 못한 난관에 봉착한다는 점입니다. 사실 이 문제는 텍스트 언어를 배울 때 남녀노소 누구나 거치는 관문이기도 합니다. 즉, 배우는 사람의 잘못도, 가르치는 사람의 잘못도 아닙니다. 다만 텍스트 언어를 더 효율적으로 가르치고 쉽게 배울 수 있도록 연구와 고민이 필요했을 뿐입니다.

> **❝**
> 이 교재는 텍스트 코딩의 난관을 쉽게 풀어가고자 노력한
> 정보 교사 10명의 고민을 담은 책입니다.
> **❞**

　200개의 문제를 풀어보면서 사소하게 놓쳤던 개념을 확실히 이해할 수 있고, 코드의 구조를 파악하는 눈을 키울 수 있습니다. 간단한 내용이기에 오히려 쉽게 놓칠만한 개념을 착실히 다지면서 코딩 실력이 단단해지는 것을 느낄 수 있을 것입니다.

　텍스트 코딩에서 문법은 결국 구조, 즉 틀을 이해하는 것과 같습니다. 세세한 문법은 언어마다 조금씩 차이가 있지만, 입출력부터 조건 구조까지 큰 틀은 대부분 비슷합니다. 따라서, 문법을 깊게 파고들기보다 전반적인 구조를 먼저 이해한다면 텍스트 코딩에 한결 더 쉽게 접근할 수 있습니다. 이 책을 통해 문법의 기초를 다지면서 텍스트 코드의 전체적인 틀을 보는 눈을 키우길 기대합니다.

이 책의 활용 Tip

　이 책은 텍스트 언어의 기초적인 문법을 배운 학습자가 풀기에 딱 좋은 워크북입니다. 이 책으로 수업을 진행하거나 혼자 학습할 때 적절한 활용 방법을 안내합니다.

■ 흔히 손으로 직접 코드를 써보고 출력값을 유추하는 과정을 손코딩이라고 합니다. 텍스트 코딩 워크북의 문제는 손코딩으로 충분히 풀 수 있을만큼 쉽게 구성되어 있습니다. 손코딩 방식으로 코드를 차근차근 따라가며 문제를 풀어보세요. 빨리 푸는 것도 좋지만, 실수가 없도록 정확히 해결하는 것이 더 중요합니다.

■ 문제의 코드를 파이썬 idle, 온라인 IDE(ideone 등)에서 직접 타이핑하고 출력값을 확인해보세요. 그대로 따라 치는 것도 상당한 공부가 됩니다. 만약 똑같이 코드를 따라 쳤는데도 실행이 안 된다면 열심히 원인을 찾아보세요. 그 과정에서 문제를 해결하는 재미를 느끼고 실력을 키울 수 있습니다.

파이썬(python) 설치하기

직접 코드를 작성하며 문제를 풀어볼 수 있도록 컴퓨터에 파이썬 프로그램을 설치하고 코드를 실행하는 방법에 대해 알아보겠습니다.

❶ python 검색

인터넷 검색 창에서 'python'을 검색합니다. 한글로 '파이썬'이 아닌 영어 'python'으로 입력하고, 되도록 구글에서 검색하는 것을 추천합니다.

❷ 프로그램 다운로드

파이썬 공식 홈페이지에서 많은 정보를 얻을 수 있습니다. 파이썬 프로그램을 설치하기 위하여 [Downloads] 메뉴로 이동하여 컴퓨터 환경(Windows, Mac 등)에 맞는 파이썬 프로그램을 다운로드합니다.

❸ 설치 프로그램 실행

다운로드가 완료되면 파이썬 설치 프로그램을 실행합니다.

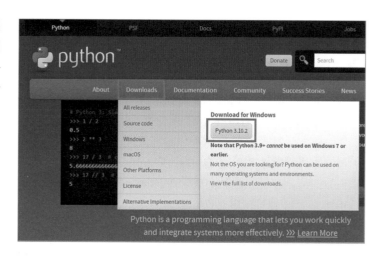

4️⃣ 환경 변수(PATH) 설정 및 설치 시작

하단에 [Add Python 3.10 to PATH]를 반드시 체크한 후 [Install Now]를 클릭합니다. [Add Python 3.10 to PATH]를 체크하지 않고 설치를 시작했다면 취소 후 처음부터 다시 설치 프로그램을 시작하는 것이 좋습니다.

5️⃣ 설치 진행

약 1~2분동안 설치가 진행됩니다.

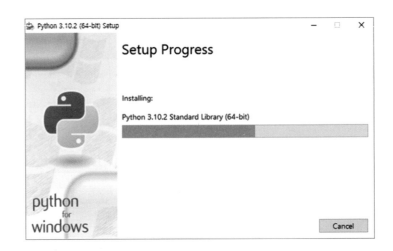

6️⃣ 파일 이름과 경로 길이 제한 해제

Windows의 경우 파일 이름 및 경로의 길이가 260자로 제한되어 있기 때문에, 혹 260자가 넘어도 문제가 생기지 않게 길이 제한을 해제하는 것이 좋습니다. [Disable path length limit]을 선택하고 [Close] 버튼을 눌러 설치를 완료합니다.

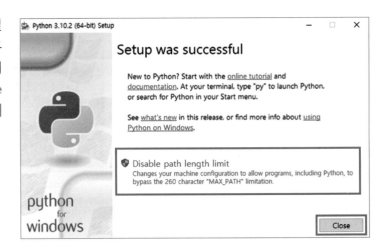

❼ IDLE 실행

키보드의 윈도우 키(⊞)를 누르면 최근에 추가한 앱에 Python IDLE(파이썬 통합 개발 및 학습 환경)이 나타납니다. [IDLE]를 클릭하여 실행합니다.

❽ 새 파일 만들기

IDLE Shell에서도 바로 코딩할 수 있지만 여러 줄의 프로그램을 작성할 때는 새로운 파이썬 파일을 생성하여 코드를 작성하는 것이 좋습니다. 상단 메뉴 중 [File]−[New File]을 클릭하여 새 파일을 만듭니다. ctrl + N 키를 사용할 수도 있습니다.

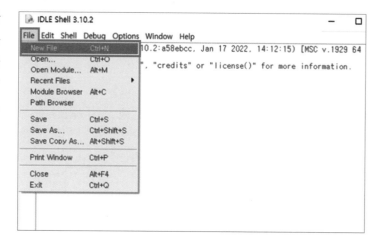

❾ 코드 작성 및 저장

문제를 풀기 위한 코드를 작성한 후 키보드 위쪽에 있는 F5 키를 누릅니다. 실행하기 전 저장할 것인지 물어보는 대화상자가 뜨면 [확인] 버튼을 클릭합니다.

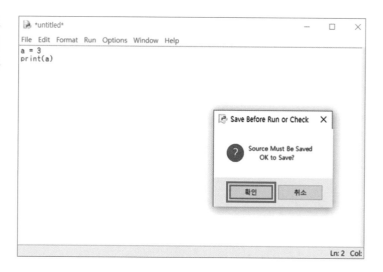

⑩ 경로 및 파일 이름 지정 후 저장

적절한 저장 위치와 파일 이름을 지정한
후 [저장] 버튼을 눌러 코드 파일을 저장합
니다. 처음에 파이썬을 설치할 때 경로 길
이 제한을 해제했기 때문에 파일 이름을
마음껏 길게 써도 되지만 알아 보기 쉽게
설정하는 게 좋겠죠?

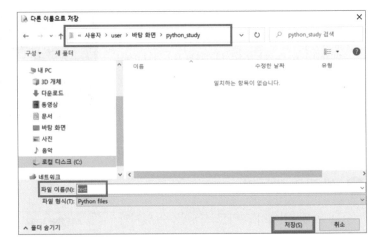

⑪ 코드 실행

코드를 실행하면 새로운 창에 코드 실행
결과가 표시됩니다. 만약 input( ) 함수로
인해 입력이 필요하면 커서가 깜빡거리는
곳에서 키보드로 값을 입력하면 됩니다.

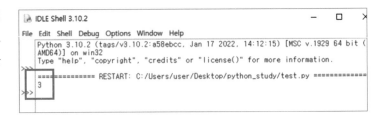

⑫ 코드 폰트 설정 변경

상단 메뉴 중 [Options]-[Configure IDLE]를 차례대로 클릭하면
코드의 글씨체나 글씨 크기 등을 설정할 수 있습니다.

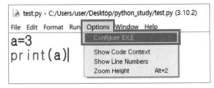

온라인에서 코딩하기

온라인 통합 개발 환경을 이용하면 컴퓨터에 파이썬 프로그램을 설치하지 않아도 온라인에서 직접 코드를 작성하고 실행할 수 있습니다. 여기에서는 ideone을 소개합니다.

① ideone 검색 및 접속

인터넷 검색 창에서 'ideone'을 검색합니다. 크롬으로 접속하여 구글에서 검색하는 것이 좋습니다.

② 프로그래밍 언어 선택

코드를 작성할 언어로 [Python 3]을 선택합니다.

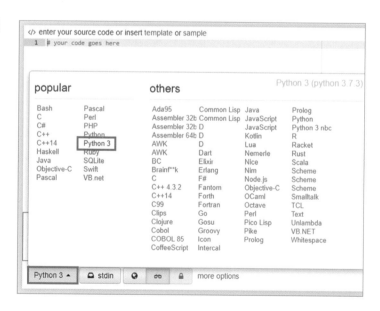

❸ 코드 작성 및 실행

따로 파일을 저장할 필요 없이 온라인에서 바로 코드를 실행하고 결과를 확인할 수 있습니다. [Run] 버튼을 클릭하면 잠시 후 코드의 실행 결과를 확인할 수 있습니다. 코드의 실행 결과가 틀리거나 오류가 발생했을 때는 [edit]을 눌러 코드를 수정할 수 있습니다.

직접 풀어보면서 기르는 코드 리뷰 능력!

파이썬

Level 1

Contents

01 변수와 입출력

파이썬 변수   변수 이름 = 저장할 값

변수는 컴퓨터에서 값을 저장하는 하나의 공간입니다. 변수에 저장될 값은 고정되지 않고 언제든지 바뀔 수 있습니다. 그래서 변하는 수, **변수(變數/변할 변, 셀 수)**라고 합니다.

새로운 변수를 만드는 것을 **선언**이라 하며, 선언 시 값을 저장하는 것을 **초기화**라고 합니다. 파이썬에서 변수는 선언하면서 초기화하는 값에 따라서 자료형이 결정됩니다. 예를 들어, a = 5와 같이 코드를 작성하면 a의 자료형은 정수형이 됩니다. 조금 다르게 b = "5"와 같이 선언하면 b는 문자열이 됩니다. 이때 a와 b를 각각 출력하면 동일하게 5가 나오지만, 자료형이 다르기 때문에 서로 다른 값인 것을 기억해야 합니다.

> a = 3 ➡ a라는 이름을 가진 변수 공간에 3이라는 정수값을 저장(초기화)한다. a는 정수형이 된다.
>
> b = 't' ➡ b라는 이름을 가진 변수 공간에 t라는 문자값을 저장(초기화)한다. b는 문자형 자료형이 된다.
>
> c = 'py' ➡ c라는 이름을 가진 변수 공간에 py라는 문자열을 저장(초기화)한다. c는 문자열 자료형이 된다.

입력 함수   변수 이름 = input( )

컴퓨터는 키보드나 마우스와 같은 장치로 신호를 전달받는데, 이 과정을 **입력**이라고 합니다. 입력한 내용을 받아 저장할 곳이 필요한데, 이때 쓰는 것이 바로 변수입니다.

input은 우리가 키보드로 입력하는 내용을 받아들여 변수에 저장하는 **입력 함수**입니다. 기본적으로 파이썬에서 입력을 받을 때는 문자형(또는 문자열)으로 저장합니다. 따라서, 0000을 입력하면 0000이 그대로 저장됩니다.

> a = input( ) ➡ 입력을 받아 변수 a에 값을 저장한다(문자 또는 문자열의 형태로 저장).

추가로 파이썬에서는 **# 기호를 사용하여 주석(comment)**을 쓸 수 있습니다. 주석은 주로 코드에 대한 설명을 작성할 때 쓰며, #을 쓰고 작성한 코드나 설명은 프로그램 실행에 영향을 주지 않습니다. 본 교재에서는 코드를 실행했을 때 입력할 값을 주석으로 표기하였습니다.

출력 함수   print("출력할 문장") / print(출력할 변수 또는 숫자)

컴퓨터에서 결과를 나타내는 것을 **출력**이라 하며, print는 파이썬의 대표적인 **출력 함수**입니다. print 함수에서 따옴표 안에 출력할 문장을 쓰면 그대로 출력되며, 숫자나 변수의 경우 따옴표를 붙이지 않습니다.

또한, 파이썬의 경우 + 연산자로 문자를 결합하거나, * 연산자로 반복 출력을 할 수 있습니다. 예를 들어, 코드가 print("A"+"B")라면 AB를, print("5"+"5")라면 55를 출력합니다(여기서 5는 문자). 또, print("A"*3)이라면 AAA를 출력하고, print(a*5)라면 변수 a의 값을 다섯 번 반복하여 출력합니다(a가 문자형인 경우).

> print("hello world") ➡ hello world 출력(띄어쓰기까지 그대로 출력하며 출력 후 자동으로 줄 바꿈 수행)
>
> print(a) ➡ 변수 a의 값 출력
>
> print("a") ➡ 문자 a 출력
>
> print(10) ➡ 정수 10 출력
>
> print("C"*10) ➡ CCCCCCCCCC 출력(C를 10번 반복하여 출력)
>
> print(n*5) ➡ 변수 n의 값을 5번 반복하여 출력(n의 값이 숫자일 경우 계산 결과를 출력)
>
> print("A" + "05") ➡ A05 출력

1

```
print("python")
```

정답

4

```
print("한글")
```

정답

2

```
print(5)
```

정답

5

```
print("나무"*3)
```

정답

3

```
print("co ding")
```

정답

6

```
print("2+5-1")
```

정답

7

```
print("hi"*2)
print("hello")
```

정답

10

```
print("5+5"*2)
print(5+5)
```

정답

8

```
print(555)
print("01"*3)
```

정답

11

```
a = 4
print(a)
```

정답

9

```
print("1+1")
print(111*2)
```

정답

12

```
b = 10
print("b")
```

정답

13

```
n1 = input( ) # 15 입력
print(n1)
```

정답

14

```
word = input( ) # 파이썬 입력
print(word)
```

정답

15

```
a = 10
b = 20
print(a+b)
```

정답

16

```
r = input( ) # P 입력
print("R")
```

정답

17

```
p = input( ) # 0123 입력
print(p)
```

정답

18

```
a1 = input( ) # 50 입력
a2 = input( ) # 05 입력
print(a1 + a2)
```

정답

19

```
k = 30
k = input( ) # 40 입력
print(k)
```

정답

20

```
h1 = input( ) # 치킨 입력
h2 = input( ) # pizza 입력
print(h1+"h2")
```

정답

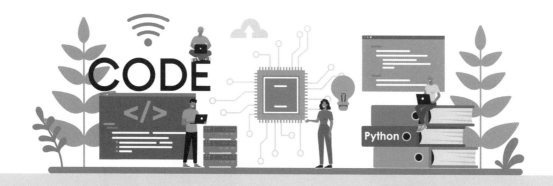

02 리스트

> 리스트는 기차처럼 변수들을 이어놓은 구조를 말합니다. 코딩할 때 자주 쓰는 구조입니다.

리스트 선언 규칙   리스트 이름 = [원소]

리스트는 변수 여러 개를 연결해놓은 자료 구조입니다. 연속적인 데이터를 저장할 때 유용합니다.

리스트를 선언할 때는 리스트 이름을 지정하고, 저장할 원소를 대괄호로 묶어서 나열합니다. 이때 원소는 콤마(,)로 구분하며, 문자 원소의 경우 따옴표로 묶어서 저장합니다. 한 리스트에는 여러 자료형의 원소를 저장할 수 있으며, 원소 없이 대괄호만으로 빈 리스트를 만들 수도 있습니다.

'리스트 이름[인덱스]' 형태로 리스트의 원소를 활용(참조)할 수 있으며, 인덱스는 0부터 시작합니다.

a = [1,2,3,4,5] ➡ 크기 5의 리스트 a를 선언하고 정수 1,2,3,4,5를 원소로 저장한다.
b = ['a','b','c'] ➡ 크기 3의 리스트 b를 선언하고 문자 a,b,c를 원소로 저장한다.
c = [ ] ➡ c라는 이름을 가진 빈 리스트를 생성한다.
print(a[0]) ➡ a[0]은 정수형 리스트 a에서 첫 번째 원소를 의미하므로, 1을 출력한다.
print(b[1]) ➡ b[1]은 문자형 리스트 b에서 두 번째 원소를 의미하므로, b를 출력한다.
print(a[5]) ➡ 리스트 a의 크기는 5이므로 인덱스는 0,1,2,3,4뿐이다. 따라서 오류가 나온다.

	인덱스	0	1	2	3	4
a	원소	1	2	3	4	5
	참조	a[0]	a[1]	a[2]	a[3]	a[4]

	인덱스	0	1	2
b	원소	a	b	c
	참조	b[0]	b[1]	b[2]

문자열 리스트   변수 이름 = "문자열"

파이썬에서 변수를 선언하고 문자열로 초기화하면, 변수를 리스트처럼 활용할 수 있습니다. 참고로, 띄어쓰기까지 문자로 인식합니다. 예를 들어, k="AB C"라면 k[0]은 A, k[1]은 B, k[2]는 공백, k[3]은 C가 됩니다.

	인덱스	0	1	2	3
k	원소	A	B		C
	참조	k[0]	k[1]	k[2]	k[3]

예제 ①	정답
k="AB C" print(k[3])	

리스트 원소 활용   리스트 이름[인덱스] = 원소

변수의 값을 바꾸는 것처럼 리스트의 값도 직접 바꿀 수 있습니다. 예를 들어 a[3]=2와 같은 코드는 리스트 a에서 3번 인덱스 원소에 2를 저장한다는 의미입니다. 아래 간단한 예제를 준비했습니다. 어떤 결과가 출력될까요?

예제 ②	정답
a = [5,6,7] a[1] = 10 print(a[1])	

예제 ③	정답
b = [1,2,3,4] b[1] = b[2] print(b[1])	

파이썬에서 제공하는 연산자를 활용하여 정수 계산이나 문자 결합, 반복 출력을 할 수 있습니다.

예제 ④	정답
a = [1,2,3,4,5] print(a[0]+a[4])	

예제 ⑤	정답
b = "python" print(b[3]*2)	

1

```
a = [1,2,3]
print(a[0])
```

정답

2

```
a = [1,2,3]
print(a[2])
```

정답

3

```
a = [3,2,1]
print("a[1]")
```

정답

4

```
b = ['가','나','다']
print(b[1])
```

정답

5

```
b = ['가',1,'A']
print(b[1], b[0])
```

정답

6

```
c = [5,10,15,20]
print(c[3]+c[0]-c[1])
```

정답

7

```
a = [1,2]
b = [3,4,5]
print(a[1]+b[2])
```

정답

8

```
a = [7,8,9]
b = [3,2,1]
print(b[2]+a[0])
```

정답

9

```
a = [3,5]
b = [4,1]
print(a[0]*2+b[1]*3)
```

정답

10

```
a = [3,5]
b = [2,4]
print(a[0]*b[1])
```

정답

11

```
list1 = [1,2,3,4]
list2 = ['도','레','미']
print(list1[2], list2[0])
```

정답

12

```
list1 = [1,4,7,10]
list2 = ['도','레','미']
print(list2[1]*list1[1])
```

정답

13

```
a = "안녕하세요"
print(a[1])
```

정답

14

```
b = "apple juice"
print(b[7])
```

정답

15

```
c = "python"
print(c[0]+c[4])
```

정답

16

```
k = "hi hello"
print(k[1]+k[2]+k[3])
```

정답

17

```
txt = "a b c d e"
print(txt[2]+txt[5]+txt[8])
```

정답

18

```
n1 = [1,2,3,4,5]
w1 = "파이썬"
print(n1[1], w1[1])
```

정답

19

```
n2 = ['3','6','9']
w2 = "소프트웨어"
print(n2[2]+w2[4])
```

정답

20

```
word1 = "마우스"
word2 = "키보드"
print(word1[1]+word2[2]+"락")
```

정답

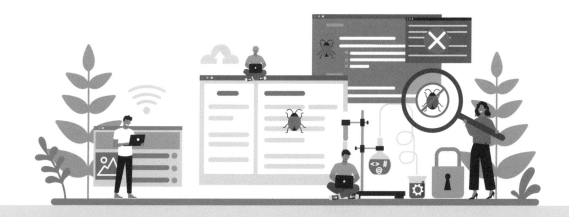

03 순차 구조

순서대로 코드를 실행하는 순차 구조에 대해 알아봅시다.

순차 　순서대로 실행

특별한 경우가 아닌 이상 파이썬은 **위에서 아래 순서대로** 실행됩니다. 만약 코드가 a=3 a=4와 같은 순서로 작성되었다면, 변수 a에 저장되는 값이 순차적으로 변하게 됩니다. 처음에는 a에 3이 저장되었다가 a=4 코드로 인해 3은 지워지고 4가 저장되는거죠. 예제를 간단히 풀어보세요.

예제 ①	정답
a = 10	
a = 9	
a = 8	
a = 1	
print(a)	

예제 ②	정답
c = 'b'	
c = 'a'	
c = 't'	
c = 'Q'	
print(c)	

연산자 　계산하고 그 값을 다시 변수에 저장

파이썬에는 다양한 연산자가 있는데, 수학 연산 기호와 거의 똑같습니다. 연산자를 잘 활용해야 효율적인 순차 구조를 만들 수 있습니다. 간단하게 7가지 연산자만 알아보겠습니다.

연산자	기능	예제	a=5, b=2일 때 정답
+	더하기	a+b	7
−	빼기	a−b	3
*	곱하기	a*b	10
**	거듭제곱	a**b	25
/	나누기	a/b	2.5
//	몫 계산	a//b	2
%	나머지 계산	a%b	1

연산 결과를 바로 출력할 수도 있지만, 다시 변수에 저장할 수도 있습니다. 연산식을 오른쪽에 작성하여 변수에 저장하는 형태입니다. 평소 쓰는 수학 계산식과 다르니 차이점을 잘 기억해두세요.

a = b+c ➡ 변수 b와 c의 덧셈 결과를 변수 a에 저장한다. 실제 변수 b와 c의 값은 변함이 없다.

a = a+1 ➡ 변수 a의 값에 1을 더한 후 다시 a에 저장한다. 즉, 실제 변수 a의 값에 1을 더한다.

a = a+a ➡ 변수 a끼리 더한 후 다시 a에 저장한다. 즉, 실제 변수 a의 값을 2배로 올린다.

a = a//2 ➡ 변수 a의 값을 2로 나눈 몫을 다시 a에 저장한다. 마찬가지로 실제 변수 a의 값이 변한다.

예제 ③	정답
a = 3	
b = 6	
c = 4	
a = b+c	
print(a)	

예제 ④	정답
a = 10	
a = a+1	
a = a+4	
a = a+a	
print(a)	

1

```
a = 1
a = 5
print(a)
```

정답

2

```
b = 10
b = 9
print(b-1)
```

정답

3

```
c = 2
c = 4
print(c+2)
```

정답

4

```
a = 3
a = 3+3
print(a)
```

정답

5

```
k = 5
k = k+5
print(k)
```

정답

6

```
num = 1
num = num+2
print(num)
```

정답

7

```
list1 = [1,2,3]
print(list1[2])
print(list1[0])
```

정답

10

```
n = 30
print("n")
print(n)
```

정답

8

```
list3 = ['a']
list3 = ['b','a']
print(list3[0])
```

정답

11

```
k = 10
k = 10+10
print(k-20)
```

정답

9

```
list2 = [1,2,3]
list2 = [4,5,6]
print(list2[2])
```

정답

12

```
r = 0
print(r+100)
print(r-50)
```

정답

13
```
print(3)
a = 5
print(a)
```
정답

14
```
print("가")
b = 10
print("b")
```
정답

15
```
c = 3
c = 30
c = c+300
print(c)
```
정답

16
```
print("a")
a = 33
print(a)
```
정답

17
```
b = "호"
print("b")
print(b)
```
정답

18
```
c = 50
c = 30+30
print(c-40)
print(c)
```
정답

19

```
v1 = 50
print(v1+v1)
v1 = input( ) # 과자 입력
print(v1+v1)
```

정답

20

```
print("v2")
v2 = 15
v2 = v2+v2
print(v2*3)
```

정답

04 선택 구조

파이썬의 if, if~else, if~elif~else를 통해 선택 구조에 대해 알아봅시다.

선택(조건)   if~else

선택 구조는 조건에 따라 명령문을 다르게 실행하는 구조를 말합니다. 예를 들어, '만약 a가 5보다 크다면 "O"를, 아니라면 "X"를 출력하라'라고 코드를 작성할 수 있죠. 기본적으로 if와 else를 활용하며 콜론(:)으로 영역 시작을 표시하고, 들여쓰기로 영역을 구분합니다.

코드	설명
a=10	변수 a를 선언하고 정수 10으로 초기화
if a>5:	만약 a가 5보다 크다면
a = a-1 ❶	a의 값에서 1을 뺀 값을 a에 저장하고
print("크다")	"크다"라고 출력
else:	그게 아니라면(a가 5보다 크지 않다면)
a = a+1 ❷	a의 값에서 1을 더한 값을 a에 저장하고
print("작다")	"작다"라고 출력

위 코드를 보면 a의 값이 10이기 때문에 ❶번 영역만 실행되고, ❷번 영역은 아예 실행되지 않습니다. 만약, a의 값이 10이 아니라 4라면 ❷번 영역만 실행됩니다.

그게 아니고 만약에   if~elif~else

if, else 외에도 elif를 사용하여 조건을 여러 개 지정할 수도 있습니다. 예를 들어, '만약 입력값이 90 이상이면 A 출력, 80 이상이면 B 출력, 둘 다 아니라면 C를 출력하라'와 같이 활용할 수 있는거죠. 아래 코드를 해석해 보겠습니다.

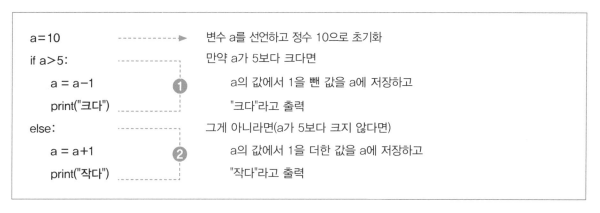

코드	설명
a = 85	변수 a를 선언하고 정수 85로 초기화
if a>=90:	만약 a가 90 이상이면
print("Cool") ❶	"Cool"이라고 출력
elif a==85:	그게 아니고 만약 a의 값이 85와 같다면
print("Good") ❷	"Good"이라고 출력
else:	위의 조건이 모두 맞지 않다면
print("X") ❸	"X"라고 출력
print("끝")	선택 구조를 모두 빠져나온 후 "끝"이라고 출력

a의 값은 85이므로 ❶번 조건(90 이상)은 성립되지 않습니다. elif로 내려가보니 조건(a의 값이 85와 같은지)이 성립하므로 ❷번 영역의 코드가 실행되면서 Good이 출력됩니다. 조건에 따라 실행될 영역을 선택했으니 그 외의 영역은 실행되지 않겠죠. 이렇게 선택 구조가 끝나면 순차 구조에 따라 다음 코드가 실행되면서 "끝"이 출력됩니다.

*참고로 연산자 '=='는 '같다', '!='는 '다르다'를 의미하는 비교연산자

1

```
a = 5
if a == 5:
    print("True")
```

정답

3

```
a = 50
b = 40
if a >= b:
    print(a+b)
```

정답

2

```
b = 50
if b > 10:
    print(b)
```

정답

4

```
a = 10
b = 5
if a > b:
    print(a-b)
```

정답

5

```
if 6 > 3:
    print("크다")
print("끝")
```

정답

6

```
if 5 == 5:
    print("A")
    print("B")
```

정답

7

```
if 4 > 3:
    print("A")
print("B")
```

정답

8

```
print("비교")
if 6 == 3:
    print("틀리다")
```

정답

9

```
if 10 > 4:
        print("big")
else:
        print("small")
```

정답

11

```
if 2+3 > 4:
        print("plus")
else:
        print("no")
```

정답

10

```
if 10 != 10:
        print("diff")
else:
        print("same")
```

정답

12

```
if 5 < 4-1:
    print("minus")
else:
    print("no")
```

정답

13

```
a = 3
if a > 1:
    print("크다")
```

정답

14

```
a = 10
b = 20
if a < b:
    print("작다")
```

정답

15

```
a = 50
if a >= 50:
    print("A")
else:
    print("B")
```

정답

16

```
a = 10
b = 5
if a < b:
    print("작다")
print("끝")
```

정답

17

```
key = 9
if key <= 0:
    print("0 이하")
elif key <= 5:
    print("5 이하")
else:
    print("10 이하")
```

정답

19

```
n = 100
if n == 10:
    print("A")
elif n == 100:
    print("B")
else:
    print("C")
```

정답

18

```
key = 8
if key >= 10:
    print("10 이상")
elif key >= 5:
    print("5 이상")
else:
    print("그 외")
```

정답

20

```
n = 20
if n == 20:
    print("정답")
else:
    print("오답")
print("끝")
```

정답

05 반복 구조

> " for, while을 사용하여 같은 코드를 여러 번 실행하는 반복 구조에 대해 알아봅시다. "

for와 range for 인덱스 in range(시작, 끝, 간격)

반복 구조는 같은 코드를 여러 번 실행할 때 쓰는 구조입니다. 대표적으로 for 반복문은 인덱스와 range로 반복 형태를 설정할 수 있습니다. 여기서 range는 시작과 끝 값 사이의 연속적인 정수 범위를 만드는 함수로 range(n)을 쓰면 (0,1,…,n−1)과 같은 범위를 생성합니다(끝 값은 포함되지 않음).

for도 if 문법과 마찬가지로 콜론(:)으로 영역 시작을 표시하고, 들여쓰기로 영역을 구분합니다.

```
for i in range(3):  --------▶  range(3) 함수가 가상의 범위 (0,1,2) 생성
    print(i)        --------▶  i 값 출력
    print("p")      --------▶  p 출력
```

i 값	범위 도달 여부	코드 실행 과정
0	거짓	0 출력 → p 출력 → 인덱스 i가 다음 값 1 참조
1	거짓	1 출력 → p 출력 → 인덱스 i가 다음 값 2 참조
2	참	2 출력 → p 출력 → 더 이상 참조할 값이 없으므로 반복 종료(for문 탈출)

위의 내용을 순서대로 해석해 봅시다.

❶ 인덱스 변수 i가 range 범위의 시작 값을 참조합니다(i에 0 대입).

❷ for문 영역의 코드를 실행합니다.

❸ 인덱스 변수 i가 range 범위의 다음 값을 참조합니다(i에 1, 2를 차례대로 대입).

❹ ❷~❸을 반복하다가 인덱스가 범위에서 더 이상 참조할 값이 없을 경우 반복을 종료(탈출)합니다.

위의 예시처럼 range에서 시작 값과 간격(증감 형태)을 생략하고 끝 값만 쓸 수 있습니다. 생략할 경우 인덱스 시작 값은 0, 간격은 1씩 증가하는 것으로 기본 설정됩니다. 이를 따로 지정하면 더욱 다양한 반복 구조를 활용할 수 있습니다.

```
for i in range(2,5):  ➡ 범위 (2,3,4)가 생성되고 i의 값이 2부터 4까지 1씩 증가한다.

for i in range(2,8,2):  ➡ 범위 (2,4,6)이 생성되고 i의 값이 2부터 6까지 2씩 증가한다.

for i in range(10,3,−1):  ➡ 범위 (10,9,8,7,6,5,4)가 생성되고 i의 값이 10부터 4까지 1씩 감소한다.
```

반복문은 많이 써 보면서 금방 익힐 수 있습니다. 아래 예제로 간단히 확인해 보세요.

예제 ①	정답
for i in range(3): print(i−1)	

예제 ②	정답
for i in range(5,10,2): print(i)	

예제 ③	정답
for i in range(3,0,−1): print(i)	

예제 ④	정답

a = 0
for i in range(2,5,2):
    a = i+1
    print(a)	

for와 리스트   for 인덱스 in 리스트

range 함수로 범위를 지정하는 것 이외에도 반복 범위를 순서형 자료 변수로 지정할 수도 있습니다.

a = [4,5,6] ------▶	리스트 a를 만들고 정수 4,5,6을 원소로 저장
for i in a: ------▶	인덱스 i가 a의 원소 탐색
print(i) ------▶	리스트 a의 원소를 하나씩 출력

i 값	범위 도달 여부	코드 실행 과정
a[0]	거짓	a[0]의 값인 4 출력 → i 값 1만큼 증가
a[1]	거짓	a[1]의 값인 5 출력 → i 값 1만큼 증가
a[2]	참	a[2]의 값인 6 출력 → i 값 1만큼 증가 → 반복 종료(for문 탈출)

위의 내용을 순서대로 해석해 봅시다.

❶ 인덱스 변수 i 는 0부터 시작합니다.

❷ 인덱스 변수가 리스트 크기 미만의 정수인지 검사하고 참인지 거짓인지 확인합니다.

❸ 아직 지정한 범위 끝에 도달하지 않았을 경우 for문 영역의 코드를 실행합니다.

❹ 영역 안의 코드를 실행한 후 인덱스를 증가시킵니다.

❺ ❷~❹를 반복하다가 ❷에서 지정한 범위의 끝에 도달했을 경우 반복을 종료(탈출)합니다.

while문   while 조건

for와 다르게 while은 조건만 지정하여 반복을 수행할 수 있습니다.

a = 1 ------▶	변수 a를 선언하고 정수 1로 초기화
while a<3: ------▶	a<3이라는 조건이 참이라면 while문 영역의 코드 실행
a=a+1	
print(a)	

a 값	a<3 조건 참/거짓 여부	코드 실행 과정
1	참	a 값 1만큼 증가 → 2 출력
2	참	a 값 1만큼 증가 → 3 출력
3	거짓	반복 종료(while문 탈출)

위의 내용을 순서대로 해석해 봅시다.

❶ 조건(a 값이 3보다 작은지)을 검사하고 참인지 거짓인지 확인합니다.

❷ 조건이 맞을 경우(성립할 경우) while문 영역의 코드를 실행합니다.

❸ ❶~❷를 반복하다가 ❶에서 조건이 성립하지 않을 경우 반복을 종료(탈출)합니다.

두 내용을 정리하며 예제를 풀어보세요.

예제 ⑤
a = [5,6,7]
for i in a:
   print(i)
	정답	예제 ⑥
		a = 2
		while a>0:
		   print(a)
		   a=a−1
			정답

1
```
for a in range(3):
    print(a)
```
정답

2
```
for a in range(3):
    print(a+1)
```
정답

3
```
for a in range(3):
    print("hi")
```
정답

4
```
for a in range(2):
    print("e"*2)
```
정답

5
```
for i in range(2,5):
    print(i)
```
정답

6
```
for i in range(10,11):
    print(i)
```
정답

7
```
for k in range(2,6,2):
    print(k)
```
정답

8
```
for k in range(10,5,-2):
    print(k)
```
정답

9

```
i = 0
for a in range(5):
    i = i+1
print(i)
```

정답

11

```
i = 10
while i > 3:
    i = i-1
print(i)
```

정답

10

```
i = 0
for a in range(3):
    i = i+1
    print(i)
```

정답

12

```
i = 5
while i > 2:
    print(i)
    i = i-1
```

정답

13

```
a = [1,2,3]
for i in a:
    print(i)
```

정답

15

```
a = [10,20,30]
for i in range(3):
    print(a[i])
```

정답

14

```
a = [10, 5, 1]
i = 0
while i < 3:
    print(a[i])
    i = i+1
```

정답

16

```
a = [1, 2, 3, 4, 5]
i = 2
while i < 4:
    print(a[i])
    i = i+1
```

정답

17

```
for i in range(1,10):
    i = i-1
    if i < 4:
        print(i)
```

정답

19

```
a = [5,6,7,8,9]
for i in a:
    if i >= 7:
        print(i-2)
```

정답

18

```
for i in range(3):
    if i < 2:
        print("A")
    else:
        print("B")
```

정답

20

```
a = [1,2,3,4,5,6,7,8,9]
i = 1
while i<9:
    print(a[i])
    i = i+2
```

정답

직접 풀어보면서 기르는 코드 리뷰 능력!

파이썬

Level 2

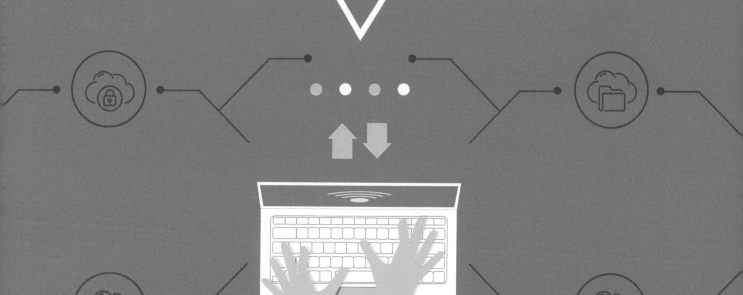

Contents

01 변수와 입출력

입출력에 다양한 조건을 붙이면 효율적인 코딩이 가능합니다.

자료형 변환 함수 — int float str

파이썬에서는 정수 5와 문자 5를 다르게 취급합니다. 만약 a=5 b="5"라면 서로 자료형이 다르기 때문에 a+b는 불가능합니다. 파이썬은 이런 문제를 해결하기 위해 자료형 변환 함수를 제공합니다.

함수	의미	활용	결과
int	정수로 변환 가능한 자료를 정수로 변환	print(int(5.7))	정수 5 출력
float	실수로 변환 가능한 자료를 실수로 변환	print(float(5))	실수 5.0 출력
str	문자로 변환 가능한 자료를 문자로 변환	print(str(5))	문자 5 출력

입력 함수 활용 — 입력값, 자료형 변환 함수 활용

입력 함수를 쓸 때 자료형 변환 함수를 활용하여 입력과 동시에 자료형을 변환하거나, 연산이나 문자 결합을 할 수 있습니다. 예를 들어, int(input())과 같은 코드는 입력받은 값을 정수로 변환하여 저장하며, input()+"A" 코드는 입력받은 값 뒤에 A를 붙여서 저장합니다..

a = int(input()) ➡ 입력받은 값을 정수로 변환한 후 a에 저장한다.

num = input() + "번입니다." ➡ 입력값 뒤에 "번입니다." 문자를 붙여 num에 저장한다.

출력 함수 옵션 — sep, end 등

파이썬 출력 함수에는 다양한 옵션이 존재합니다. 특히, end는 출력 함수의 내용을 모두 출력한 후 끝에 나올 내용을 지정하는 옵션으로, print 함수의 기본적인 줄 바꿈을 하지 않고 출력할 때 많이 사용합니다.

옵션	의미	활용	결과
콤마(,)로 구분	출력 요소를 공백으로 구분	print(3, "A", 3.14)	3 A 3.14
sep = " "	출력 요소를 지정한 값으로 구분	print("A", "B", "C", sep="/")	A/B/C
end = " "	출력 마지막에 나올 내용 지정	print("A", end=" ") print("B")	A B

서식 지정자 활용 — print("서식 지정자" %출력할 값)

서식 지정자를 활용하여 더 다양한 결과를 출력할 수 있습니다. %n과 같이 % 바로 뒤에 숫자를 붙이면 n만큼 자리를 만든 뒤 오른쪽 정렬하여 출력합니다. 실수 출력의 경우 %.nf와 같이 표현하면 소수점 n자리까지 반올림하여 출력하며, n자리에 값이 없을 경우 0을 출력합니다.

서식 지정자	의미	활용	결과
%d	정수 출력	print("%d %d" %(5, 3))	5 3 출력
%0nd	n만큼 0을 채우고 오른쪽 정렬 출력	print("%03d" %5)	005 출력
%f	실수 출력(소수점 6자리까지)	print("%f" %5.5)	5.500000 출력
%.nf	소수점 n자리까지 실수값 반올림 출력	print("%.2f" %5.569)	5.57 출력

1

```
page = input()+"p" # 40 입력
print(page)
```

정답

2

```
num = int(input()) # 50 입력
print(num-20)
```

정답

3

```
a = int(input())+10 # 4 입력
print(a)
```

정답

4

```
print("hello","python")
```

정답

5

```
print("안녕"+"파이썬")
```

정답

6

```
print("나는", 3, "학년")
```

정답

7

```
x = 10
y = 20
print(x, y, sep="/")
```

정답

8

```
x = "A"
y = "B"
print(x, y, sep="-")
```

정답

9

```
x = "key"
y = "word"
print(x, y, sep="+")
```

정답

10

```
print("hi", end=" ")
print("hello")
```

정답

11

```
print("A", end=" s ")
print("B")
```

정답

12

```
x = "Apple"
y = "Banana"
print(x[1]+y[2], end="-")
```

정답

13

```
print(float(5))
```

정답

14

```
print(int(10.5)+20)
```

정답

15

```
print(str(10)+"10")
```

정답

16

```
a = 3.14
b = 5
print("%f" %(a+float(b)))
```

정답

17

```
print("%02d %.2f" %(5, 7.777))
```

정답

18

```
a = int(3.222+2.555)
print("%04d" %a)
```

정답

19

```
y = int(input()) # 7 입력
print("%05d" %y)
```

정답

20

```
a = "3"+input() # 12 입력
b = int(input())+56 # 4 입력
c = a+str(b)
d = int(c)
print("%08d" %d, end="x")
```

정답

02 리스트

> "리스트의 특징을 통해 더욱 재미있는 코딩을 해 볼 수 있습니다."

슬라이싱   리스트 이름[시작 인덱스 : 끝 인덱스]

리스트나 문자열 변수 같은 순서형 자료는 슬라이싱을 통해 일부분만 활용할 수 있습니다. 슬라이싱의 코드는 **리스트 이름[시작 인덱스 : 끝 인덱스]**와 같은 형태이며 **끝 인덱스는 포함하지 않습니다.**

예를 들어, a = [1,2,3,4,5]와 같이 선언하고 a[1:4]와 같이 코드를 쓰면 새로운 리스트 [2,3,4]가 추출됩니다. 또, 문자열 변수 b = "apple"에서 b[0:3]과 같이 코드를 쓰면 app가 나오게 됩니다.

---
a[0:3] ➡ a에서 인덱스 0부터 2까지 원소(a[0], a[1], a[2])를 참조하여 새로운 리스트를 만든다. ➡ [1,2,3]

a[1:] ➡ a에서 인덱스 1부터 끝까지 모든 원소를 참조하여 새로운 리스트를 만든다. ➡ [2,3,4,5]

a[:4] ➡ a에서 인덱스 0부터(시작점부터) 3까지 원소를 참조하여 새로운 리스트를 만든다. ➡ [1,2,3,4]

a[0:2] + a[3:] ➡ a의 원소 a[0], a[1]과 a[3], a[4]를 나열하여 새로운 리스트를 만든다. ➡ [1,2,4,5]

슬라이싱은 파이썬의 매우 재미있는 특징 중 하나입니다. 예제로 확인해 봅시다.

예제 ①	정답	예제 ②	정답
a = [10,20,30,40,50] b = a[0:2] print(b)		c = "python" print(c[1:4])	

음수 인덱스   오른쪽부터 −1

파이썬은 독특하게 음수 인덱스로도 리스트 원소를 참조할 수 있습니다. 음수 인덱스는 오른쪽에서 −1부터 시작하여 1씩 감소합니다. a = [1,2,3,4,5]와 같이 리스트가 선언되었을 때 인덱스는 다음과 같습니다.

	기존 인덱스	0	1	2	3	4
a	음수 인덱스	−5	−4	−3	−2	−1
	원소	1	2	3	4	5
	참조	a[0] / a[−5]	a[1] / a[−4]	a[2] / a[−3]	a[3] / a[−2]	a[4] / a[−1]

---
a[−1] ➡ a의 오른쪽에서 첫 번째에 있는 원소(왼쪽에서 봤을 때 마지막 원소)를 참조한다. ➡ 5

a[−3:−1] ➡ a의 오른쪽에서 세 번째에 있는 원소부터 마지막 원소 전까지 슬라이싱한다. ➡ [3,4]

내용을 잘 확인했다면 예제로 마무리해 봅시다.

예제 ③	정답	예제 ④	정답
a = [10,9,8,7,6] print(a[−1])		b = "가나다라마" print(b[−3:−1])	

1

```
a = [1,2,3,4,5]
print(a[1:3])
```

정답

2

```
a = ['a','b','c','d']
print(a[0:2])
```

정답

3

```
a = "banana"
print(a[2:4])
```

정답

4

```
a = [1,2,3,4,5]
print(a[3:])
```

정답

5

```
a = [1,2,3,4,5]
print(a[:3])
```

정답

6

```
a = [6,7,8,9,10]
print(a[4:])
```

정답

7

```
a = [4,'5',6]
print(a[0:2])
```

정답

8

```
a = ['4',5,6,7]
b = ['a',2,3,4,5]
print(a[1:3]+b[0:2])
```

정답

9

```
a = [2,4,6,8,10]
b = a[4:] + a[:2]
print(b)
```

정답

10

```
a = "안녕하세요"
print(a[0:2])
```

정답

11

```
a = "hi hello"
print(a[3:])
```

정답

12

```
a = "파이썬"
b = "프로그래밍"
print(a[:1]+b[4:])
```

정답

13

```
a = [1,2,3,4,5]
print(a[-1])
```

정답

14

```
b = [5,4,3,2,1]
print(b[-2])
```

정답

15

```
c = [-4,5,6]
print(c[-1], c[-2], c[-3])
```

정답

16

```
word = "스마트폰"
print(word[-3])
```

정답

17

```
t1 = "파이썬"
t2 = "프로그래밍"
print(t1[-2]+t2[-5])
```

정답

18

```
a = [1,2,3,4,5]
b = "12345"
c = "python"
print(a[-2], b[-4], c[-6])
```

정답

19

```
key1 = "ABCDEFG"
key2 = "123456789"
pw = key1[1:4] + key2[-3:-1]
print(pw)
```

정답

20

```
key1 = "ABCDEFG"
key2 = "123456789"
pw = key1[:3] + key2[-4:]
result = pw[-5:5]
print(result)
```

정답

03 순차 구조

복합대입연산자　　a=a+2 → a+=2

복합대입연산자를 활용하여 코드를 축약하면 좀 더 간결한 코드를 작성할 수 있습니다. 예를 들어, a=a+2를 a+=2와 같이 축약할 수 있으며, 이는 동일하게 변수 a의 값을 2만큼 증가시키는 코드입니다.

기존 코드	복합대입연산자 활용	의미
a=a+n	a+=n	a에 n을 더한 값을 a에 저장
a=a-n	a-=n	a에서 n을 뺀 값을 a에 저장
a=a*n	a*=n	a와 n을 곱한 값을 a에 저장
a=a**n	a**=n	a를 n제곱한 값을 a에 저장
a=a/n	a/=n	a를 n으로 나눈 결과를 a에 저장
a=a//n	a//=n	a를 n으로 나눈 몫을 a에 저장
a=a%n	a%=n	a를 n으로 나눴을 때 나머지를 a에 저장

내용을 잘 확인했다면 예제로 마무리해 봅시다.

예제 ①	정답
a = 5 a += 10 print(a)	

예제 ②	정답
b = 5 b *= 10 print(b)	

예제 ③	정답
c = 10 c **= 3 print(c)	

예제 ④	정답
d = 100 d //= 30 print(d)	

1

```
a = 10
a = a+10
a = a+20
print(a)
```

정답

2

```
a = 1000
a = a-10
print(a-100)
```

정답

3

```
a = 100
a = a-a
print(a)
```

정답

4

```
num1 = 0
num1 = 5
num2 = 10
print(num1+num2)
```

정답

5

```
a = "초코"
b = "파이"
print(a+b, end="굿")
```

정답

6

```
a = "코카"
b = "콜라"
print(a, b, sep="-")
```

정답

7

```
a = "한글"
b = "사전"
c = a+" "+b
print(c)
```

정답

10

```
list1 = [5,17,61,−1,0]
list2 = [4,9,−10,8,−7]
print(list1[0:2])
print(list2[4])
```

정답

8

```
a = 1
print(a)
a = a+10
print(a+2)
```

정답

11

```
m = "마우스키보드"
m = "키보드마우스"
print(m[2:4])
```

정답

9

```
a = 15
a = a+a
print(a+a, end=" ")
print(a)
```

정답

12

```
s = "마우스"
d = "키보드"
f = "프린터"
print(s[0]+d[2]+f[1])
```

정답

13

```
k = 10
k += 1
print(k)
k -= 2
print(k)
```

정답

16

```
list_a = [1,4,9,16,25,36]
a = list_a[1]
print(a)
a *= list_a[2]
print(a)
```

정답

14

```
n = 100
n *= 2
n //= 10
n **= 2
print(n)
```

정답

17

```
n1 = input( ) # 50 입력
n1 = int(n1)
n2 = 2
n2 *= n1
print(n2-20)
```

정답

15

```
t = 20
t //= 5
t //= 2
print(t)
```

정답

18

```
b = 6.81
b = int(b)
b **=2
print(b)
```

정답

19

```
k = ["피자", "치킨", "햄버거"]

a = k[2]+"랑"
b = "순살"+k[1]
c = a+" "+b
print(c)

result1 = c[6]
result2 = c[3]
print(result1+result2)

d = k[0]
result3 = d[0]+c[8]
print(result3)
```

정답

20

```
t = ["소프트웨어", "정보", "999"]

a = t[0]*3
b = a[4:7]
print(b)

c = t[2]
c = int(c)
d = c-222
print(t[1], d)

n = d-800
n = n+25
last = t[1]*n
print(last)
```

정답

04 선택 구조

논리 연산 — and, or, not

파이썬에서는 **참**(True, 1), **거짓**(False, 0)이라는 값과 **논리연산자**(and, or, not)를 활용하여 **논리 연산**을 할 수 있습니다. and 연산자는 둘 다 참인 경우 참을 출력하며, or 연산자는 하나만 참인 경우 참을 출력합니다. 마지막으로 not 연산자는 참을 거짓으로, 거짓을 참으로 바꿔줍니다.

a	b	a and b	a or b	not a
참	참	참	참	거짓
참	거짓	거짓	참	거짓
거짓	참	거짓	참	참
거짓	거짓	거짓	거짓	참

print(1<2) ➡ 관계 연산이 참이므로, True를 출력한다.

print(1==1 and 2==2) ➡ 두 관계 연산 모두 참이므로, True를 출력한다.

print(1<2 or 4<2) ➡ 두 관계 연산 중 하나가 참이므로(1<2), True를 출력한다.

print(7>5 and 7==10) ➡ 두 관계 연산 중 하나가 거짓이므로(7==10), False를 출력한다.

print(3<5<7) ➡ 두 관계 연산을 붙여서 and 연산이 가능하다. 참이므로 True를 출력한다.

예제 ①	정답	예제 ②	정답
a = 3 b = 0 print(a==b)		a = 3 b = 5 c = 10 print(a<b and b<c)	

선택 구조 중첩 — if 속의 if

if 조건문 안에 또 조건문을 넣을 수 있습니다. 세부적인 조건을 설정할 때 유용하지만, 너무 중첩이 많을 경우 프로그램이 복잡해지는 원인이 될 수 있습니다.

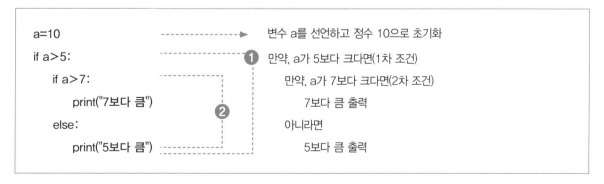

```
a=10                    ----------->    변수 a를 선언하고 정수 10으로 초기화
if a>5:                           ①     만약, a가 5보다 크다면(1차 조건)
    if a>7:                                  만약, a가 7보다 크다면(2차 조건)
        print("7보다 큼")          ②             7보다 큼 출력
    else:                                   아니라면
        print("5보다 큼")                       5보다 큼 출력
```

코드에서 볼 수 있듯이 ①번 조건이 성립할 경우 아래 ②번 선택 구조로 들어갑니다. a의 값이 10이므로 ①, ②번 조건을 모두 만족하여 **7보다 큼**이 출력됩니다.

이렇게 if 조건문을 여러 번 중첩하여 세세한 선택 구조를 만들 수 있으며, **콜론(:)과 들여쓰기**로 영역이 어떻게 구분되는지 잘 확인해야 합니다.

1

```
print(123 == 123, end=" ")
print(123 < 123)
```

정답

3

```
x = -2
y = 10
if x == -2 and y == 10:
    print("good")
```

정답

2

```
x = 10
print("시작")
if x == 10:
    print("참입니다")
```

정답

4

```
x = 10
if x > 10 or x < 10:
    print("A")
else:
    print("B")
```

정답

5

```
x = 3
if x%2 == 0:
    print("짝수", end=" ")
if x%2 == 1:
    print("홀수", end=" ")
print(x+1)
```

정답

7

```
a = 10
b = 20
if a < 20 and b < 30:
    print("참")
else:
    print("거짓")
```

정답

6

```
age = 15
if age > 10 and age < 20:
    print("청소년")
    age += 3
print("다음")
if age >= 20:
    print("성인")
print("끝")
```

정답

8

```
n = 30
if n >= 10 or n >= 20:
    n += 50
    n -= 40
n *= 2
if n >= 30:
    n //= 4
print(n)
```

정답

9

```
a = 80
if a >= 80 and a < 100:
    print("합격")
else:
    print("불합격")
```

정답

11

```
n = '5'
if n == 5 or n == 10:
    print("O")
else:
    print("X")
```

정답

10

```
a = 20
if a%7 == 0 or a%6 == 0:
    print("O")
else:
    print("X")
```

정답

12

```
n = '7'
if int(n) == 7:
    print("O")
else:
    print("X")
```

정답

13

```
x = 5
if 3 < x < 7:
    print("O")
else:
    print("X")
```

정답

15

```
age = 16
if 6 <= age <= 12:
    print("730원")
elif 13 <= age <= 18:
    print("1010원")
elif 19 <= age <= 65:
    print("1450원")
else:
    print("무료입니다.")
```

정답

14

```
x = 9
if 9 == x < 10:
    print("O")
else:
    print("X")
```

정답

16

```
num = 100
if num > 70:
    print("합격")
    if num == 100:
        print("우수상")
else:
    print("불합격")
```

정답

17

```
n = 10
if n > 3:
    if n > 5:
        print("A")
    else:
        print("B")
print("C")
```

정답

18

```
n = 500
if n > 10:
    if n < 500:
        print("A")
    elif n < 1000:
        print("B")
    else:
        print("C")
print("D")
```

정답

19

```
n = 10
if n > 10:
    print("A")
else:
    if n > 5:
        print("B")
    print("C")
print("D")
```

정답

20

```
n = "Apple"
if n[0] == 'a':
    print("A")
else:
    if n[-1] == 'E':
        print("B")
    elif n[1] == n[-3]:
        print("C")
    else:
        print("D")
```

정답

05 반복 구조

반복 구조 속에 if문을 넣거나 무한 루프를 이용하여 다양한 반복 구조를 마스터합니다.

반복 속 선택 구조   for(while) 안의 if

반복 구조 속에 선택 구조를 넣어 다양한 반복 구조를 생성할 수 있습니다. 특히, break 명령어는 반복 구조를 즉시 탈출할 수 있도록 합니다. 아래와 같은 형태는 while에서도 가능합니다.

a = 10 ------▶	변수 a를 선언하고 정수 10으로 초기화
for i in range(5): ------▶	인덱스 변수 i를 활용하여 다섯 번의 반복을 수행하는 for문
a -= 1 ------▶	a의 값을 1만큼 감소
if a==7:	만약, a의 값이 7이라면
break	반복문을 종료하고 탈출

i 값	범위 도달 여부	코드 실행 과정	if 조건문 참/거짓 여부
0	거짓	a 값 1만큼 감소 → 9	거짓
1	거짓	a 값 1만큼 감소 → 8	거짓
2	거짓	a 값 1만큼 감소 → 7	참

위의 내용을 순서대로 해석해 봅시다.
❶ for문의 조건에 따라 다섯 번을 반복하는 상황입니다.
❷ 매 반복 시 a의 값을 1씩 감소시킵니다.
❸ 매 반복마다 a의 값을 검사하고 a가 7일 경우 반복문을 탈출합니다.

예제 ①	정답

for i in range(3):
  print("A")
  if i==1:
    print("B")	

예제 ②	정답

for i in range(9):
  if i%3==0:
    print(i)
print(10)	

무한 루프   while 1 또는 while True

경우에 따라서 무한히 반복되는 구조를 만들어야 할 필요가 있습니다. 이때 쓰는 것이 **무한 루프**이며 파이썬은 while을 활용합니다. while 1: 또는 while True:와 같이 사용하며, **if 조건문과 break**를 활용하여 무한 루프 탈출 조건을 지정할 수 있습니다.

예제 ③	정답

n=0
while 1:
  n += 1
  if n > 9:
    print(n)
    break	

예제 ④	정답

k=0
while True:
  print(k)
  k += 1
  if k==3:
    break	

1

```
for i in range(10):
    if i > 6:
        print(i)
```

정답

2

```
for i in range(2,10,3):
    if i == 5:
        print(i+i)
```

정답

3

```
for i in range(10,0,-1):
    if i < 4:
        print(i, end=" ")
```

정답

4

```
for i in range(10):
    if i < 3:
        print(i)
```

정답

5

```
a = 4
for i in range(10):
    if i == a:
        print(i+a)
```

정답

6

```
a = 10
for i in range(15,0,-5):
    if i < a:
        print(i)
```

정답

7

```
a = 0
n = 10
for i in range(1,10,2):
    if 5 <= i < n:
        a = a+i
        print(a, end=" ")
```

정답

9

```
for i in range(1,7,2):
    if i > 4:
        print("A")
    else:
        print("B")
```

정답

8

```
for i in range(3):
    if i < 2:
        print("A")
    else:
        print("B")
```

정답

10

```
a = 0
for i in range(10,4,-1):
    if i%2 == 0:
        a = i
        print(a)
```

정답

11

```
sum = 0
for i in range(1,10,2):
    if i%3 == 0:
        print(i)
        sum = sum+i
print(sum)
```

정답

13

```
a = [1,2,3,4,5,6,7,8,9]
for i in a:
    if i%2 == 0:
        print(i)
```

정답

12

```
a = [5,6,7,8,9]
for i in a:
    if i >= 7:
        print(i)
```

정답

14

```
list1 = [18,77,68,54,99,15]
for i in list1:
    if i < 55:
        print(i)
```

정답

15

```
a = 0
while 1:
    a += 1
    if a > 3:
        break
print(a)
```

정답

16

```
a = 1
while 1:
    if a < 10:
        a *= 2
    else:
        break
print(a)
```

정답

17

```
s = 100
while True:
    if s < 10:
        break
    s = s-20
    print(s, end=" ")
```

정답

18

```
n = 1
c = 'v'
while True:
    print(c*n, end=" ")
    n += 1
    if n == 3:
        break
print(c*n)
```

정답

19

```
a = 5
b = 20
while 1:
    if a+b > 10:
        a -= 4
        b += 1
    elif a+b < 10:
        a *= 2
        b -= 3
    else:
        break
print(a+b)
```

정답

20

```
a = 20
b = 80
c = 0
while True:
    if c < 100:
        if a < b:
            c += a
        else:
            c += b
    else:
        break
    a += 10
    b -= 15
print(a, b, c)
```

정답

아래와 같이 표를 그려 변수의 값을 따라가면 코드를 해석하는 데 도움이 됩니다. 또, 반복은 몇 단계까지 진행되는지 살펴보세요.

반복 단계	a의 값	b의 값
초기	5	20
1		
2		
3		
4		
5		
6		
7		

⑲번 문제와 마찬가지로 아래와 같은 표를 활용하여 변수의 값을 천천히 따라가보세요.

반복 단계	a의 값	b의 값	c의 값
초기	20	80	0
1			
2			
3			
4			
5			
6			
7			

직접 풀어보면서 기르는 코드 리뷰 능력!

파이썬

정답지

직접 풀어보면서 기르는 코드 리뷰 능력!

파이썬 (Level 1)

01 변수와 입출력

문항 번호	정답
1	python
2	5
3	co ding
4	한글
5	나무나무나무
6	2+5-1
7	hihi hello
8	555 010101
9	1+1 222
10	5+55+5 10
11	4
12	b
13	15
14	파이썬
15	30
16	R
17	0123
18	5005
19	40
20	치킨h2

02 리스트

문항 번호	정답				
예제	① C	② 10	③ 3	④ 6	⑤ hh
1	1				
2	3				
3	a[1]				
4	나				
5	1 가				
6	15				
7	7				
8	8				
9	9				
10	12				
11	3 도				
12	레레레레				
13	녕				
14	u				
15	po				
16	i h				
17	b e				
18	2 이				
19	9어				
20	우드락				

03 순차 구조				
문항 번호	정답			
예제	① 1	② Q	③ 10	④ 30
1	5			
2	8			
3	6			
4	6			
5	10			
6	3			
7	3 1			
8	b			
9	6			
10	n 30			
11	0			
12	100 -50			
13	3 5			
14	가 b			
15	330			
16	a 33			
17	b 호			
18	20 60			
19	100 과자과자			
20	v2 90			

04 선택 구조	
문항 번호	정답
1	True
2	50
3	90
4	5
5	크다 끝
6	A B
7	A B
8	비교
9	big
10	same
11	plus
12	no
13	크다
14	작다
15	A
16	끝
17	10 이하
18	5 이상
19	B
20	정답 끝

05 반복 구조		
문항 번호	정답	
예제	① −1 0 1 ② 5 7 9 ③ 3 2 1	
	④ 3 5 ⑤ 5 6 7 ⑥ 2 1	
1	0 1 2	
2	1 2 3	
3	hi hi hi	
4	ee ee	
5	2 3 4	
6	10	
7	2 4	
8	10 8 6	
9	5	
10	1 2 3	
11	3	
12	5 4 3	
13	1 2 3	

05 반복 구조	
문항 번호	정답
14	10 5 1
15	10 20 30
16	3 4
17	0 1 2 3
18	A A B
19	5 6 7
20	2 4 6 8

파이썬 (Level 2)

01 변수와 입출력

문항 번호	정답
1	40p
2	30
3	14
4	hello python
5	안녕파이썬
6	나는 3 학년
7	10/20
8	A−B
9	key+word
10	hi hello
11	A s B
12	pn−
13	5.0
14	30
15	1010
16	8.140000
17	05 7.78
18	0005
19	00007
20	00031260x

02 리스트

문항 번호	정답	
예제	① [10, 20]	② yth
	③ 6	④ 다라
1	[2, 3]	
2	['a', 'b']	
3	na	
4	[4, 5]	
5	[1, 2, 3]	
6	[10]	
7	[4, '5']	
8	[5, 6, 'a', 2]	
9	[10, 2, 4]	
10	안녕	
11	hello	
12	파밍	
13	5	
14	2	
15	6 5 −4	
16	마	
17	이프	
18	4 2 p	
19	BCD78	
20	C67	

03 순차 구조				
문항 번호	정답			
예제	① 15	② 50	③ 1000	④ 3
1	40			
2	890			
3	0			
4	15			
5	초코파이굿			
6	코카─콜라			
7	한글 사전			
8	1 13			
9	60 30			
10	[5, 17] −7			
11	드마			
12	마드린			
13	11 9			
14	400			
15	2			
16	4 36			
17	80			
18	36			
19	햄버거랑 순살치킨 살랑 피킨			
20	어소프 정보 777 정보정보			

04 선택 구조	
문항 번호	정답
예제	① False ② True
1	True False
2	시작 참입니다
3	good
4	B
5	홀수 4
6	청소년 다음 끝
7	참
8	20
9	합격
10	X
11	X
12	0
13	0
14	0
15	1010원
16	합격 우수상
17	A C
18	B D
19	B C D
20	C

문항 번호	정답			
05 반복 구조				
예제	① A A B A	② 0 3 6 10	③ 10	④ 0 1 2
1	7 8 9			
2	10			
3	3 2 1			
4	0 1 2			
5	8			
6	5			
7	5 12 21			
8	A A B			
9	B B A			
10	10 8 6			
11	3 9 12			
12	7 8 9			
13	2 4 6 8			
14	18 54 15			
15	4			

문항 번호	정답
05 반복 구조	
16	16
17	80 60 40 20 0
18	v vv vvv
19	22 19 16 13 10
20	60 20 125

집필진

★ 정재웅
- 대전동화중학교 정보 교사
- 한국교원대학교 컴퓨터교육 학사
- 한국정보교사연합회(KAIT) 국장
- SW · AI 관련 자료 개발 및 연수, 강의(EBS) 진행

★ 김성안
- 경남산업고등학교 정보 교사
- 경상대학교 컴퓨터교육 학사

★ 박수빈
- 경기 원곡고등학교 정보 교사
- 한국교원대학교 컴퓨터교육 학사
- SW 교육 선도학교 운영

★ 배효정
- 김해영운고등학교 정보 교사
- 한국교원대학교 컴퓨터교육 학사
- SW 교육 선도학교 및 AI 교사 연구회 운영

★ 서정민
- 경북 사동고등학교 정보 교사
- 서원대학교 컴퓨터교육 학사
- SW 영재교육 강사 및 인공지능융합중심고 운영

★ 서진원
- 경기 단원중학교 정보 교사
- 목원대학교 컴퓨터교육 학사
- 인공지능 윤리교육 관련 수업사례집 개발
- 경기도중등정보교육연구회 연구위원

★ 양채윤
- 경북 사동고등학교 정보 교사
- 안동대학교 컴퓨터교육 학사
- 한국정보교사연합회(KAIT) 국장
- 경북 북부 SW-AI 캠프 운영

★ 이민혁
- 충북과학고등학교 정보 교사
- 한국교원대학교 컴퓨터교육 학사
- SW 핵심 교원 연수 강사

★ 장성혜
- 대덕소프트웨어마이스터고등학교 정보 교사
- 군산대학교 컴퓨터정보공학 학사
- 대전교육정보원 영재교육원 정보영재 고급반 강사

★ 최문성
- 경기과학고등학교 정보 교사
- 공주대학교 컴퓨터교육 학사
- 경기도중등정보교육연구회 연구위원
- SW, AI 관련 연수 진행

직접 풀어보면서 기르는 코드 리뷰 능력! **파이썬**

텍스트 코딩 워크북

발 행 일	초판 1쇄 발행 2022년 5월 20일
	6쇄 발행 2024년 9월 5일
저 자	정재웅 외 9인
발 행 인	신재석
발 행 처	(주)삼양미디어
등록번호	제10-2285호

주 소	서울시 마포구 양화로 6길 9-28
전 화	02-335-3030
팩 스	02-335-2070
홈페이지	www.samyangM.com
정 가	5,000원
I S B N	978-89-5897-404-8(53000)